I0159636

Kolofon
©Mathias Jansson (2018)
"Diktade skrönor från Ångermanland "
ISBN: 978-91-86915-37-7

Utgiven av:

"jag behöver inget förlag"
c/o Mathias Jansson
Tvärvägen 23
232 52 Åkarp
http://mathiasjansson72.blogspot.se/

Tryckt: Lulu.com

Benätarens resor genom nedre Norrlands kyrkogårdar

Ytterlännäs

Född en stormig septemberkväll
oönskad var jag
lämnad åt mitt öde
på Ytterlännäs gamla kyrkogård

Död skulle jag ha varit
svag och outvecklad
var min varelse
om inte några benbitar
några nyuppgrävda likdelar
hamnat i min väg
girigt sög jag
den sega märgen ur benen
kände kraften återvända

På morgonen blev jag funnen
förd till fosterhemmet
Karl-Johan Johansson blev mitt dopnamn
men alla kallade mig Benätaren

Ivrigt knäckte jag kotlettbenen
vid middagsbordet
sög girigt ut märgen
sökte kraften och styrkan jag känt
vid min födelse
men begäret ville inte dämpas
utan växte med åren

Den drev mig ut i natten
till de ödsliga kyrkogårdarna
rastlös strosande och sniffande

bland de nygrävda gravarna
tills hungern tog över
och jag blev en gravplundrare
en likätare
för dämpa mitt brinnande begär

Jag upptäckte då min gåva
min förbannelse
att i likmärgens svarta låga
se visioner och höra röster
från änglar och demoner
som viskade berättelser
om de dödas levnader
avslöjade för mig
deras mörka hemligheter
ur historiens unkna gravar

Fördriven och utstött
från familj och församling
för mina makabra syner
för mina synders skull
började min kringflackande resa

I anteckningsblocket har jag skrivit
bokstaverat med blyertspennan
mina upplevelser och visioner
från nedre Norrlands kyrkogårdar.

Torsåker

Utanför stenmuren
i skuggan av det bruna klocktornet
vid den medeltida kyrkan
ligger en omärkt grav i ovigd jord

Spaden hugger sig ner
i den frostbitna jorden
gräver sig ner genom höstfukten
fylld med krälande maskar
gråsuggor och tusenfotingar

Det murkna kistlocket splittras
kvällen fylls av kväljande stanker
av förruttnelse och kompost
de späda benen ligger krossade
hastigt nerslängda i graven

Den mesta av märgen har läckt ut
men vid bäckenet hittar jag en håla
fylld med några droppar
av den sega saften
som jag girigt suger i mig

Genast drabbas jag av synen
den helvetiska elden
som får håret att hastigt
gå upp i lågor
bränner ögongloben
och smälter köttet

Innan den heta röken
som en eldgata tränger sig ner
genom strupen
ner i lungorna
och befriar henne
från den världsliga smärtan

Längre tillbaka
ser jag en ung kvinna
som förskjuter prästens ivriga inviter
hur svartsjukans apostlar
angivarnas anonyma ansikten
framkastar sin dom: Häxa!

Skendränkningarna i den mörka tjärnen
heta nålar som genomborrar huden
i jakt på häxmärkets placering
tänger som griper och sliter
släggan som krossar
skräckens skrikande frakturer
innan hon halvdöd
fastsurrad på en stege
offras på Bålbergets lågor

Ännu längre tillbaka
i början av historien
en liten flicka full av liv
en naturens varelse
i skogens skiftande väsen

Ser hur hon springer in i en häxring
och naturens mysterier
uppenbara sig för henne

älvor med vita sidenkjolar
dansar på ängen
ängsliga gråtroll
som gömmer sig under stenarna
rädda för solens strålar
och naturens moder
som omfamnar henne
med sin kunskap
visar sina helande krafter

Drömsynen avtar
regnet faller
på mina leriga kängor
jag vandrar vidare på min färd
bland nedre Norrlands kyrkogårdar.

Sidensjö

Under den färggranna predikstolen
är den tunga stenen lagd åt sidan
graven står öppen för restaurering

Benen är sköra och porösa
märgen seg och svart
jag känner mörkret
som omsluter min själ
en tung våt filt
av klaustrofobisk rädsla

Den unkna luften av sågspån
vindens instängda luft
flugorna som desperata surrar
mot det smutsiga fönstret
kedjan som skaver mot mitt ben

Jag känner galenskapen
som härjar runt i min hjärna
ungdomens grymma lekar
avslitna flygvingar
ekorrar levande korsfästa
förvirringen och kaoset
som bråkar med mig därinne

Straffen, syndernas förlåtelse
rappen mot min rygg
skräcken instängd i lådan
hatet som ständigt växer
och demonerna som manar mig
att som Abraham

offra min lillebror
till mörkrets makter

Blodet rinner över altaret
Jesus stirrar ner på min synd
mellan kyrkbänkarna
leder ett spår av tarmar
till det utskurna hjärtat
från min offrade bror

Undangömd på prästgårdens vind
inspärrad för resten av livet
medan byborna viskar på byn
om prästens galna son

Anonymt begravd under predikstolen
ligger jag under ständig uppsikt av min fader
jag hör hur han predikar med rösten full av sorg
om hopp, frälsning och försoning
för den förlorade sonen.

Ulvön

Bortåt skogen
en bra bit från kapellet
ligger en massgrav
bengropen fylld med kroppar
dumpade i all hast
jag sätter tänderna i
första bästa benet
känner hur den hemska sjukdomen
sprider sig i mitt bröst

Rösterna som viskar i stugan
elden som bränner i eldstaden
febern som bränner i min tunna kropp
smärtan när bröstkorgen hävs
den ihåliga hostan som river
med sig slemblandat blod

Den gamla gumman
krokryggig av ålder
låter kniven skära i ådern
åderlåter mina sista krafter
fyller min mun
med en vedervärdig sörja
häxkonster och häxbrygder
för att mota det onda
desperata försök att bota

Lungsoten har redan tagit min bror
jag hör hur mor
kväver en hostning
borta vid spisen

Livet rinner ur min arm
som sanden
jag höll i min hand
när jag var liten
nere vid Ulvö hamn.

Nordingrå

Solen håller på att gå ner
bakom bergen
i de sista lågorna
flammar ruinen
av den gamla kyrkan

I skogsbrynets skymning
fanns en gång
en gammal galgbacke
de senaste dagarnas
kraftiga skyfall
ha orsakat ett jordskred
blottat skelettet
benpipan sticker upp
ur jorden

Märgen är torr och bitter
jag känner den sträva smaken
som länge ligger kvar på tungan
och hur hamparepet
skaver runt min nacke

Domaren förkunnar domen
prästen gör korstecknet
innan bödeln slår undan
marken under mina fötter
det rycker till
som en spratteldocka
bli jag hängande
svävande över marken

Genom kyrkodörrens glipa
såg jag klockaren
plocka ner kyrksilvret i säcken
försiktigt gick jag närmare
harklade mig och berätta
att mor har sagt
att Jesus blir ledsen
om man stjäl

Med föraktfull min
ser han på mig
knuffar mig åt sidan
och fnyser idiot!

Jag ligger och sover i min säng
när länsman rycker upp mig
ur sömnen
klockaren pekar ut mig som skyldig
och i uthuset hittar de en silversked
med resten av bytet är borta

Byfåne har de kallat mig sen liten
nu är jag tjuv och döm till döden
jag förstår inte vad de menar
mor har ju lärt mig
att Jesus blir ledsen om man stjäl.

Kramfors

En stark kraft
leder mig till denna plats
det nygotiska kapellet
vitskimrande i grönskan
och bortom träden
glittrar älven i månsken

Ett enkelt gravkors i trä
namn och datum
sedan länge borta
spaden gräver sig ner
i den sandiga myllan
stöter mot kraniets
blottade käftar

Jag lyfter skallen
stirrar in i de tomma ögonhålorna
ser utan att behöva
tränga in i märgens saft
en ung kvinna
hukande i plågor
rädd, ensam och övergiven
desperat vandrande
bland kyrkogårdens gravar

Känner närvaron av flera
män och kvinnor
långt tillbaka i släkters led
sekel som följer sekel
med gravplundrare
benätare och likskändare

och jag hör hennes skrik
som blandas med liv
bland kyrkogårdens
nybegravda lik

Jag överväldigas av känslor
av minnen och visioner
samlade sedan generationer
och i den ljumma sommarnatten
tränger över mina läppar
ett länge eftersökt ord - Mor!

Apokalypsen enligt
hembrännaren Erik Nyman

Syndafallet

Den sjunde juli 1947
klockan var visst sju
sprang jag upp för stegen
till ladugården
på Dysjövägen 67
och ställde mig på taket
balanserade på ett ben
och började gala som en tupp
förnekade min frälsare tre gånger
innan jag med ett metspö
försökte fånga månen

I min iver föll jag från taket
ner i en ångande gödselstack
kravlade mig upp på alla fyra
och kröp fram till traktorn
som jag körde som själva fan
ända fram till torget i Bollsta
där jag spritt språngande naken
började skrika och förkunna
att det var en konspiration
att rymdvarelserna stulit min inspiration
och gjort en rymdraket
av min hembränningsapparat
sedan kom polisen och körde mig
till Björknäs- en institution
för nervklena och sinnessvaga

Doktor Molander såg på mig
med sorgsna ögon
delirium skrev han i journalen

å konstaterade torrt
- Du är en själ i urusel kondition
och stängde sen
den madrasserade dörren bakom mig

Dagarna och nätterna
flöt samman
fylldes av visioner och drömmar
ett yrande och ett svamlande
ett svärande och förbannade
det var min ökenvandring
bland djävular och änglar
de förföljde mig
och pinade mig
om vartannat.

Första uppenbarelsen

Jäst och socker
har jag blandat i det oändliga
i allehanda tillgängliga kärl
har det jäst och puttrat
innan jag hällt mäsken
i min magiska sipparator

Starka droppar
klara som vatten
har jag sedan fyllt
flaska efter flaska
med bästa norrländska akvavit

Som en ängel har jag vandrat
med klingande klara klockor
och bringat himmelska gåvor
till de fattiga stackarna
bortåt Finnmarkens myrar

Men nu mörknar skogen
skuggorna tätnar
och förbytts i en labyrint
med stigar av grenar
som förgrenar sig

Ilskna fyllespöken
dyker upp längs vägarna
dreglande och raglande
sträcker de sig törstiga efter mig
på jakt efter livets vatten

Jag stapplar svettig vidare
genom blötmyren
snubblar över stubbåkern
tills jag möter
mitt ute i finnmarks trakter
vid Lutmyran
ett obetydligt pörte
byggt av svedjefinnar
män med grova karaktärer
händerna valkade
och ryggarna krökta

Ur stugan stiger
en märklig figur
en enbent ängel
med grovsnus under läppen
blixtrande blänger han på mig
och slänger
kottar som exploderar
och sprider regnbågsröken
ett regn av guldkonfetti
med en tung doft av myrra
som tränger genom själen

Törstig öppnar jag en flaska
för att släcka min plåga
för att döva min ångest
inför åsynen
av gayängeln Gabriel
men finner förskräckt
att allt är förvandlat till sand
som timglaset
rinner spriten

ur min hand

Sakta sjunker jag
ner i myrens mörka sköte
Amen!

Andra uppenbarelsen

Myggen och knotten
hemsöker mig
förföljer mig
jagar mig som ett svart moln
en evig stickande plåga

Men vid Anderbergets fot
finner jag ett skydd
ett skogshuggarkvarter
med sju pojkar
som spelar kort
runt en trälåda

Jag bjuder dem på en droppe starkt
doppad på en sockerbit
och sätter mig för att spela
korten delas och det satsas
den första satsar svält
den andra pest
den tredje smärta
den fjärde död
den femte plåga
den sjätte krig
och den sjunde bjuder undergång

Jag ser på mina kort
som ligger blanka
och tomma i min hand
kvar i portmonnä finns bara
en skrynklig själ att lägga
i potten

Nu ska korten synas
fyrtal i spader ess
gånger sju vänds fram
runt bordet mörknar synen
hårda ord om fusk spottas fram
knivarna dras fram

Apokalypsens söner
ryker ihop
så sågspånet yr
och skogen tar fyr

I den heta sommarhettan
drar en skock
eldiga hästar
genom markerna
antänder torra kvistar
från träd till träd
galopperar toppbranden
i rasande fart

Skakande varm och svettig
kurar jag ihop mig
i en gammal jordhåla
instängd bland skogens all mygghelveten
som kryper under skinne på mig
så jag ryser
och kallsvettas av obehaget.

Tredje uppenbarelsen

Midnattssolen faller
och stiger
på samma gång

Jag kommer glad i hågen
från en bröllopsfest
nere vid Manen
där har jag blandat brännvin
med sockerdricka
och dansat med en vacker flicka
som följer mig som en älva
längs nattens slingrande stigar

Men bortom Näverberget
kryper de ansiktslösa
fram ur sina hålor
lockas av spetsglasens
skimrande och klirrande ljud
som hänger och dinglar
runt min hals

I lingonriset letar
de efter sina blödande ögon
och min vackra flicka
smulas sönder av skräck
förvandlas till en hög
av ben och vita tänder

På mossiga stenar
sitter skumtrollen och skrockar
när jag förgäves försöker

plocka ihop benbitspusslet

Så återuppstiger hon
i en underlig dimma
men istället för min älskade
står en vit älg framför mig
brölande börjar den springa
med stora kliv genom skogen
flyger iväg på starka vingar
över den himmelska
hjortronmyren.

Fjärde uppenbarelsen

Toner från en polska
ekar genom skogen
det låter som om själva Näcken
håller i fiolen
men nere vid Gäddtjärnens
blanka spegel
sitter Fjärils-Nils och spelar
med flinka fingrar

Vi sitter ett tag och super
och språkar
och jag tör väl fråga
varför han sitter
ensam mitt ute i skogen
och spelar

Jo, de ska du veta
att urtids-gäddan ska jag fånga
med min fela
och han tar stråken
och börjar spela

Fingrarna dansar
som fladdrande fjärilar
och strängarna vibrerar
som trollsländevingar

Tjärnens blanka yta
börjar krusa och röra sig
det stormar och vågar sig
och ur djupet stiger

ett monster
urtids-gäddan
skimrande och glimmande
med bärnstensgula
och smaragdgröna fjäll

Gäddan nafsar med käften
slukar spelemannen i ett stycke
som Jona och valen

Dämpat från tjärnen
hör jag fortfarande Fjärils-Nils
som spelar
där nere i djupet.

Femte Uppenbarelsen

Hundrårsgranen vid Björnberget
som luktar så stark av kåda
vid södersidan växter myrstacken
som Babelstornet längs stammen

Det myllrar redan
vårens strålar har väckt den till liv
jag rotar runt i stacken
och finner den första flaskan
lagrad sedan i fjol
borstar bort myrsen
och smakar en tår
en välsignad smak

Gräver längre ner i stacken
efter de andra flaskorna
då jag känner den mjuka pälsen
den grova labben
som vill skaka tass

Framför mig reser sig stacken
björndjävulen har vaknat
och han sträcker på sig
och gäspar med helvetetsgapet
i labbarna håller han
de värdefulla flaskorna

Med lenrösten
lockar och pockar jag
försöker prata honom till ro
sjunger försiktigt

björnen sover, björnen sover
i sitt lugna bo
försöker få besten
att sussa sött i idet
men survaken
blänger han ilsket tillbaka

Innan han helt tappar humöret
tryckte jag nappflaskan
i käften på han
innehållet rinner ner i strupen
förvånat hostar han till
sätter sig på baken
och vinglar till
och slumrar in

Försiktigt samlar jag ihop buteljerna
går glad i hågen vidare
medan vårsolen i ryggen
och myrstackspriten
klunkande i konten.

Sjätte uppenbarelsen

Vinterkölden viner mot kinden
när jag susar ner mot Puttjättjärnen
träskidan har glidet mot skaren
halvvägs över tjärnen
brister isen
kylan slukar mig
drar mig ner mot botten

I tjärnens djup sitter Näcken
och spelar
jag slår med ner
på en sten
och vi delar på en kvarting

Vi sitter och språkar
om varmare tider
vi minns våren
när björkarna grönskar
och bäckarna porlar

Lite rund om foten
lutar Näcken sig fram
och berättar i förtroende
-Om du kryddar brännvinet
med stensöta eller bräcken
från en kallkälla
som rinner upp i öster
så får du förmågan
att höra naturens röster

Sen blåser han en luftbubbla
så jag långsamt stiger upp mot ljuset
stelfrusen kravlar jag upp på isen
står yrvaken och huttrar i kylan
medan istapparna växer ur skägget
och ögonfransarna klibbar ihop

Staplande tar jag mig över tjärnen
hittar räddningen hos Finn-Lasse
ett par kilometer bort
i den heta bastuvärmen
kryper själen sakta tillbaka
in i skinnet.

Uppståndelsen

På den sjunde dagen
kravlade jag ut i ljuset
där stod Doktor Molander i sin vita rock
och tog emot med utsträckta armar
förvånat såg han på
rummets vita väggar
täckta med mina visioner
och berättelser
han nickade och läste

-Vi kan göra upp i godo sa han
en flaska av myrstacksspriten
täcker för vård och logi
men sen får herr Nyman
bättra sig och dra ner på spriten

Jag tackade och bockade
promenerade ut i friheten
pånyttfödd som en nykter man
men nere vid Kyrkviken
där mötte jag Per från Skogen
som varit på bolaget i staden
och hämtat ut en Koskenkorva
han bjöd på findricka
medan han berättade
om när han sköt en Skvader
men det är en helt annan historia.

Från älv till älv
-en släktkrönika

Från älv till älv

Jan Jansson var hans namn
som far sin
och hans far
generation efter generation
av samma man

Det slet och levde
i skogens mörka rum
som svettiga sotiga smeder
slungade de släggan mot stängerna
det var de gamla goda tiderna
som Gustav och Selma skrev om
men det skulle ännu dröja
hundratals år
innan någon av dem
tog pennan
och nedtecknade deras
anonyma röster
på tidens sidor

Livet var hårt
de slet, de led men överlevde
och genom deras liv flöt
älvens klara vatten
förbi kolminor, smedjor
och stjärnfall

Länge höll de samman
levde i samma bygd
det var hemma
det var tryggt

men världen föll samman
tvingade dem att söka
nya liv
nya äventyr

De vandrade från skog till kust
från järn till trä
innan de fann en ny plats
en ny älv
något som de kände igen
och som knöt dem samman

Där mötte ett myller av människor
från landets alla hörn
som rörde sig på land och på vatten
som blandades med besättningar
från främmande länder
män och kvinnor
som sökte sig ett nytt liv
vid Ångermanälvens strand

Och sorlet steg över Ådalen
en framtidstro växte fram
skorstenar bolmade rök
sågverkens golv
fylldes av sågspån
på älven hördes Strömkarlens tjut
en hälsning till John Ekman
som nyss lagt ut

Här samlades alla dem
som byggde vår välfärd
det var flottare

fabriksarbetare och sömmerskor
mjölkerskor och stabbläggare
man sprängde tunnlar
la järnvägsräls
grävde diken
la ner rör
sågade plankor
byggde hus
de var dem som slet
de som byggde landets
välfärd och infrastruktur

De var tungt, det var hårt
deras krav var få
de ville leva på sin lön
skapa en framtid för sin familj
medan andra skodde sig
på deras slit och svett
blev rika patroner
på bruk och trä
medan arbetarna slet förgäves
och förvägrades sin rätt

Runt köksbord
diskuterade man
drack kokkaffe på bit
läste Nya Norrland
i järnkaminens sprakande sken
trängdes i kökssoffan
och sov oroligt
för man oroade sig
om maten skulle räcka
om hyra kunde betalas

Vreden växte
ilskan kokade
tills någon steg fram
tog upp den röda fanan från marken
reste den i vinden
och satta arbetarna i rörelse
marscherade mot Lundes hamn
trött på att trampas på
trött att ständigt dras i smutsen
många var dem
som länge känt sig kuvade
av övermakten

Fler och fler slöt sig samman
många gick i tåget
med man stötte på patrull
vägen blockerades
av landets egna söner
män som vigt sina liv
att försvara gränserna
nu vände de sina gevär
mot vanliga medborgare
skotten föll
röd flöt älven
död var fem av dem

Jag har sett stenen man reste
på kyrkogården
bronsstatyn på platsen
som förevigar dagen
så att man aldrig ska glömma
svenska arbetare som stupade

för militärens kulor

Ett stråk av rött
finns väl fortfarande kvar
längs med älvens stränder
men minnena har börjat blekna
historia blir till historia
när inte längre några ögonvittnen
finns kvar att berätta

Jan Jansson var hans namn
och hans släktingar gick i tåget
man höll samman
kämpade för strejkrätten
möjligheten att kunna leva
på hederligt arbete
man krävde bara sin rätt
men svaret från överheten
blev våld, död och oförrätt.

www.ingramcontent.com/pod-product-compliance
Lightning Source LLC
Chambersburg PA
CBHW030312030426
42337CB00012B/681